AF240100

RÉPUBLIQUE FRANÇAISE

MINISTÈRE DE LA GUERRE

CAHIER DES CHARGES COMMUNES

DU 1er JUILLET 1926

POUR LA

FOURNITURE DES FOURRAGES

DANS LES BRIGADES DE GENDARMERIE

stationnées dans les localités autres que les places de garnison

CHARLES-LAVAUZELLE & Cie

Editeurs militaires

PARIS, Boulevard Saint-Germain, 124
LIMOGES, 62, Avenue Baudin | 53, Rue Stanislas, NANCY

1927

RÉPUBLIQUE FRANÇAISE

MINISTÈRE DE LA GUERRE

Direction de l'Intendance militaire; Bureau des Vivres
et des Fourrages.

*Cahier des charges communes du 1ᵉʳ juillet 1926 pour la fourni-
ture des fourrages dans les brigades de gendarmerie stationnées dans les localités autres que les places de garnison.*

Document abrogé : *Cahier des charges du 22 avril 1914.*

Paris, le 1ᵉʳ juillet 1926.

Conditions régissant l'entreprise.

Art. 1ᵉʳ. La fourniture est exécutée dans les conditions spé-
cifiées par les documents énumérés ci-après :

1° Le cahier des clauses et conditions générales du 1ᵉʳ août
1920 applicable aux marchés de fournitures du Département de
la guerre;

2° L'instruction du 21 novembre 1921 relative aux marchés
du Département de la guerre;

3° Le présent cahier des charges communes;

4° Un cahier des charges spéciales; ce document fait connaître
les conditions qui sont particulières à chaque marché.

Mode de passation des marchés.

Art. 2. Les marchés sont passés dans la forme des marchés
de gré à gré après appel à la concurrence; mais par dérogation
à l'article 43 de l'instruction du 21 novembre 1921 relative aux
marchés du Département de la guerre, les soumissionnaires seront admis à assister au dépouillement des soumissions.

Durée des marchés.

Art. 3. Les marchés sont passés pour une durée d'une année.

— 2 —

Nature du service.

Art. 4. Le service consiste :

1° A fournir, au fur et à mesure des besoins, l'ensemble des denrées fourragères nécessaires à l'alimentation des chevaux d'une brigade;

2° A prendre en charge ou à constituer, puis à entretenir dans les conditions fixées à l'article 7 du présent cahier des charges communes, l'approvisionnement indiqué, le cas échéant, au cahier des charges spéciales.

Conditions spéciales.

Art. 5. Le Conseil d'administration se réserve le droit, pendant toute la durée du marché, de modifier, à concurrence du tiers en plus ou en moins, les taux des rations de fourrages tels qu'ils sont déterminés par les tarifs en vigueur au jour de la passation du marché.

Importance de la fourniture.

Art. 6. Le cahier des charges spéciales indique pour chaque denrée (foin, paille, avoine ou orge) la quantité minimum à fournir pendant la durée du contrat.

Cette limite inférieure est déterminée en diminuant d'un tiers les consommations, arrondies au quintal, de l'effectif normal des chevaux de la brigade.

Si les quantités *minima* annuelles indiquées pour chaque denrée ne sont pas atteintes, l'Administration militaire pourra exiger de l'entrepreneur la fourniture sur place des quantités nécessaires pour parfaire ces *minima*.

Si l'Administration militaire n'use pas de la faculté ci-dessus indiquée, il est alloué à l'entrepreneur une indemnité égale au dixième de la valeur de la différence entre les quantités réellement livrées et les minima prévus au cahier des charges spéciales.

Dans la limite d'une augmentation de trois chevaux, l'entrepreneur est tenu de fournir, aux prix et conditions de son marché, les denrées fourragères nécessaires à l'alimentation du nouvel effectif.

Si l'accroissement d'effectif dépasse trois chevaux, l'entrepreneur peut refuser de fournir, aux conditions de son marché, les denrées nécessaires aux animaux en supplément.

Dans ce cas, l'entrepreneur continue à assurer les fournitures correspondant à l'effectif indiqué au cahier des charges majoré de trois unités et l'Administration pourvoit comme elle l'entend à l'alimentation des autres animaux.

Approvisionnement.

Art. 7. En principe, il n'est pas entretenu, dans les magasins des brigades, de stock de denrées appartenant à l'entrepreneur.

Toutefois, quand les circonstances locales le justifieront (localités où les ressources en fourrages sont nulles ou très restreintes et dans lesquelles il convient de disposer d'une réserve de denrées destinée à parer à un retard dans les livraisons ou à une défaillance du fournisseur, etc.), le directeur de l'intendance fixera, sur la proposition du conseil d'administration de la légion de gendarmerie, les quantités de denrées fourragères à entretenir dans la brigade.

Cet approvisionnement sera indiqué au cahier des charges spéciales. Il pourra ne comprendre qu'une ou deux des denrées de base et son importance ne devra pas dépasser, pour chacune d'elles, la quantité correspondant aux besoins de trente jours.

Lorsque l'obligation d'entretenir un approvisionnement est imposée par le cahier des charges spéciales, l'entrepreneur est tenu, à son entrée en service, soit de constituer cet approvisionnement, s'il n'existe pas déjà, soit de prendre en charge celui laissé par son prédécesseur.

En fin de marché, l'approvisionnement est remis par l'entrepreneur sortant à l'entrepreneur entrant et sa valeur, décomptée au prix du nouveau marché, retenue sur les premières factures de l'entrepreneur entrant.

A l'expiration de l'entreprise, la valeur de l'approvisionnement est payée, sur une facture distincte, à l'entrepreneur sortant.

Livraisons.

Art. 8. L'entrepreneur est informé, en temps utile, par le commandant de chaque brigade, du nombre de rations à fournir. Il donne récépissé des notifications qui lui sont faites à ce sujet et informe en même temps le chef de la brigade du jour et de l'heure où les denrées seront livrées. L'entrepreneur ou son représentant, muni d'un pouvoir régulier, doit être présent à la livraison des fourrages.

Les livraisons sont toujours faites au rez-de-chaussée dans les magasins des brigades deux fois au plus par mois. Si la capacité des locaux le permet, l'entrepreneur peut être autorisé à faire des livraisons pour une période plus longue sans qu'elle puisse dépasser les besoins d'un trimestre.

Lorsqu'un approvisionnement est exigé par le cahier des charges spéciales, les livraisons sont calculées de telle façon que les existants en magasin ne soient en aucun cas inférieurs aux quantités fixées.

Les denrées fourragères peuvent être livrées en vrac, en bottes ou en balles pressées ou en sacs du poids admis par les usages locaux.

Les trois denrées peuvent ne pas être livrées simultanément; mais la fourniture doit toujours être complétée dans un délai de huit jours. La vérification du poids s'opère au moyen d'appareils et de poids satisfaisant aux prescriptions légales.

Denrées présentées en livraison.

Art. 9. Les denrées présentées en livraison ou celles formant, le cas échéant, l'approvisionnement, sont soumises à une visite ou reconnaissance préalable de la partie prenante conformément aux dispositions du décret sur le service intérieur de la gendarmerie.

Elles doivent remplir les conditions exigées à l'annexe n° 1.

En cas de contestation sur la qualité des denrées présentées en livraison, le maire, suppléant légal du sous-intendant militaire, fait placer immédiatement sous scellés, en présence de l'entrepreneur ou de son représentant, les denrées en litige et en prélève deux échantillons dont l'un est expédié immédiatement, par ses soins, au fonctionnaire de l'intendance chargé du service des subsistances au chef-lieu du département.

Ce fonctionnaire soumet l'échantillon à l'examen d'une commission d'appel composée et opérant comme il est indiqué à l'instruction du 1ᵉʳ août 1921 (titre X, commission d'appel).

Les décisions de la commission d'appel sont exécutoires s'il n'a pas été formulé, par les parties intéressées, de recours au Ministre dans un délai de quarante-huit heures à partir du moment où ces décisions leur ont été notifiées.

Si, dans un délai de dix jours à compter de celui où les échantillons ont été prélevés, la commission d'appel n'a pu être réunie par suite de circonstances indépendantes du fait de l'Administration, et, notamment, par le fait de l'entrepreneur ou de l'idoine désigné par lui, il est statué par le Ministre. Dans ce but, l'échantillon qui était destiné à l'examen de la commission est expédié à l'inspecteur général des subsistances, boulevard des Invalides, n° 6, Paris (7ᵉ).

L'instruction qui figure comme annexe n° 2 au présent cahier des charges donne les renseignements nécessaires au sujet du prélèvement des échantillons.

En cas de recours contre les conclusions de la commission d'appel, le second échantillon est envoyé à l'inspecteur général des subsistances dans les formes et conditions indiquées par l'instruction précitée (annexe n° 2).

Les denrées refusées sont remplacées immédiatement par l'entrepreneur, et, à son défaut, le remplacement en est fait, à ses risques et périls, à la diligence du conseil d'administration de la légion de gendarmerie.

L'entrepreneur est tenu d'enlever du magasin de la brigade les denrées refusées dans les quatre jours qui suivent la notification de la décision de la commission, ou de celle du Ministre, lorsqu'il y a eu recours.

En attendant la décision de la commission et si la situation des approvisionnements de la brigade l'exige, le service est assuré par l'entrepreneur ou, à son défaut et, à ses risques et périls, à la diligence du conseil d'administration de la légion.

En cas d'urgence, et s'il y a impossibilité de remplacer immédiatement les denrées, le commandant de la brigade peut ordonner qu'il soit donné suite à la distribution. Dans ce cas, l'entrepreneur subit la pénalité indiquée à l'avant-dernier alinéa de l'article 11 du présent cahier des charges communes.

Entretien de l'approvisionnement.

Art. 10. Lorsque le cahier des charges spéciales prévoit l'obligation d'entretenir un approvisionnement, le renouvellement en est assuré, en temps opportun, par le jeu des distributions, de manière que les denrées soient toujours en bon état de conservation.

L'approvisionnement est soumis à la visite des officiers de gendarmerie, conformément aux dispositions du décret sur le service intérieur de la gendarmerie.

Pénalités à infliger à l'entrepreneur.

Art. 11. Lorsque l'entrepreneur n'est pas en mesure de livrer, dans les délais et conditions fixés les quantités de denrées demandées, soit en vue d'assurer le service de distribution, soit dans le but de remplacer des denrées rejetées, le conseil d'administration de la légion de gendarmerie est libre de faire pourvoir à la fourniture desdites quantités de la manière qu'il juge convenable, et aux risques et périls de l'entrepreneur en défaut.

Indépendamment de l'excédent éventuel de dépenses résultant de l'achat fait par défaut, l'entrepreneur subit alors, sur ses factures, une imputation égale à 5 p. 100 de la valeur des fournitures non assurées en temps utile.

Une imputation basée sur le même taux lui est faite pour la première, puis pour la seconde récidive. A la suite de la troisième récidive, il est fait d'office application des dispositions de l'article 40 du cahier des clauses et conditions générales du 1er août 1921, relatives à la résiliation des marchés.

Lorsque les denrées ont été refusées pour défaut de qualité et que, faute de ressources locales, la partie prenante est néanmoins obligée de les accepter, l'entrepreneur subira une imputation de 10 p. 100 sur la valeur des quantités reçues dans ces conditions.

Les imputations fixées par le présent article sont calculées en prenant pour base les prix du marché et portées au débit de la première facture à établir après la notification à l'entrepreneur de la pénalité encourue. Le montant de ces imputations est versé au Trésor par la légion de gendarmerie.

Cautionnement.

Art. 12. L'entrepreneur est dispensé de fournir un cautionnement même lorsqu'il est adjudicataire des fournitures de plusieurs brigades.

Charges accessoires de l'entreprise.

Art. 13. Outre ceux mentionnés aux articles 9, 45 et 48 du cahier des clauses et conditions générales du 1er août 1921, sont à la charge de l'entrepreneur tous frais quelconques nécessités par l'exécution matérielle du service.

Cessation du service.

Art. 14. En cas de suppression de la brigade ou de transformation d'une brigade à cheval en brigade à pied, il est fait application des dispositions de l'article 6 (4e alinéa).

Une indemnité égale à 5 p. 100 des prix du marché est allouée à l'entrepreneur pour les denrées distribuées et réintégrées dans ses magasins, par suite de la mobilisation de la brigade qui les avait perçues, quand ces denrées ne pourront être distribuées de nouveau dans la place, faute de parties prenantes.

Payement des fournitures.

Art. 15. Le payement des fournitures a lieu mensuellement sur la production d'une facture timbrée (timbre de dimension et timbre de quittance) comprenant les quantités livrées pendant le mois précédent.

Les frais de timbre sont à la charge de l'entrepreneur.

Si le même entrepreneur est adjudicataire pour la fourniture de plusieurs brigades appartenant à une même légion, il pourra n'établir qu'une seule facture mensuelle comprenant toutes ses fournitures, pourvu qu'elle présente distinctement les livraisons faites à chaque brigade.

Lorsque, par application des dispositions de l'article 8, l'entrepreneur a été autorisé à livrer des quantités excédant les consommations d'un mois, il peut, sur sa demande, en être payé en une seule fois, dès que les denrées ont été admises en livraison.

Le payement est fait par le trésorier de la légion de gendarmerie, au moyen de virement au compte courant indiqué par l'entrepreneur et qu'il doit obligatoirement posséder ou faire ouvrir à son nom, à son choix, soit dans un bureau de chèques postaux, soit dans une Trésorerie générale, soit à la Banque de France ou dans une banque ayant elle-même un compte courant ouvert à la Banque de France. Toutefois quand, d'après le procès-verbal de dépouillement des offres, le montant annuel du marché n'excède pas 5.000 francs, l'entrepreneur pourra, sur sa demande, être payé soit en numéraire par le commandant de la brigade, soit par mandat-poste ou mandat-carte, les frais d'envoi des mandats restant à sa charge.

Toute facture ou pièce de dépense non produite dans le délai de trente jours, à compter de l'expiration du trimestre pendant lequel la dépense a été faite donnera lieu, sans mise en demeure préalable, à l'imputation d'une somme de cinquante centimes par 1.000 francs et par jour de retard.

L'Administration de la guerre se réserve, d'ailleurs, le droit d'établir, d'office et aux droits de l'entrepreneur le décompte de la créance, passé le délai susvisé.

Décompte de la valeur des denrées.

Art. 16. Les fournitures sont décomptées aux prix indiqués au marché,

Cas de mobilisation.

Art. 17. Le marché est résilié de plein droit en cas de mobilisation totale ou partielle affectant le corps d'armée. Toutefois, l'entrepreneur est tenu d'assurer le service dans les conditions du temps de paix pendant trente jours.

Annexes obligatoires comme le cahier des charges.

Art. 18. Les annexes du présent cahier des charges en font partie intégrante et sont strictement obligatoires pour les parties.

Paris, le 1ᵉʳ juillet 1926.

Pour le Ministre de la guerre,
et par délégation :

Le Secrétaire général,

Henry HUARD.

ANNEXE Nº 1.

Nature et qualité des denrées à fournir.

I. — DISPOSITIONS GÉNÉRALES.

Les denrées dont se compose la ration ordinaire de fourrages sont :

Le foin;

La paille de froment;

L'avoine.

Toutes les denrées entrant en magasin doivent être de qualité loyale et marchande.

Le mélange par l'entrepreneur de denrées fourragères soit de qualité, soit de provenances différentes est interdit et expose l'entrepreneur à la résiliation de son marché.

La seule préparation à donner par l'entrepreneur aux denrées mises en distribution est celle qui est indispensable pour l'extraction de la poussière et des herbes, plantes, graines non nutritives ou nuisibles.

II. — CONDITIONS PARTICULIÉRES AUX DIFFÉRENTES DENRÉES.

1º Foin, fourrages artificiels.

Le foin et les fourrages artificiels doivent être suffisamment ressués et de bonne qualité moyenne.

Le foin nouveau ne pourra être mis en consommation que quatre semaines au moins après la récolte, et au plus tôt le 1er août à l'intérieur.

En principe, les bottés de foin au-dessous de six kilogrammes ne devront pas avoir plus de deux liens, et celles de six kilogrammes et au-dessus plus de trois; néanmoins, il est tenu compte à ce sujet des usages locaux,

Si les liens sont de même nature et de même qualité que la denrée distribuée, ils entrent dans le poids de la ration. Si les liens sont en paille de froment, orge, avoine, seigle, le poids de chacun, qui ne doit pas excéder 125 grammes, entre pour moitié de son poids dans la ration.

Les liens de denrées impropres au service sont défalqués en totalité.

Ne sont admis en magasin que le foin de première coupe, le sainfoin de première coupe, la luzerne de première coupe et le premier regain de luzerne.

En raison de la facilité avec laquelle le sainfoin perd ses feuilles et ses sommités fleuries lors des manipulations qu'il subit, il convient de se montrer très réservé au sujet de son emploi lorsqu'il ne peut être consommé sur place.

Pour le rationnement des fourrages artificiels, l'entrepreneur adopte le mode le plus convenable pour que les feuilles et fleurs de sainfoin et de luzerne ne se séparent pas des tiges ou ne soient pas perdues.

La mise en distribution de la luzerne, pressée ou non, est interdite pendant les mois de mai, juin, juillet et août.

La proportion de cette denrée à admettre dans les distributions est limitée au tiers de la ration.

Les luzernes ne devront, en aucun cas, entrer dans la constitution de l'approvisionnement lorsque le cahier des charges prévoit l'obligation d'en entretenir un.

2° *Pailles.*

Paille alimentaire.

Les pailles de froment et d'avoine sont admises dans les fournitures.

Toutefois, il ne pourra être fourni plus d'un tiers de paille d'avoine à chaque livraison.

Si les bottes de paille alimentaire ne sont pas liées avec de la paille de froment, d'avoine, d'orge ou de seigle, il est fait déduction du poids des liens.

3° *Foins et pailles pressés.*

Le foin et la paille sont comprimés en balles dont le poids peut varier de 40 à 100 kilogrammes. La densité peut varier entre un minimum de 140 kilogrammes et un maximum de 300 kilogrammes au mètre cube pour le foin, et un minimum de 120 kilogrammes et un maximum de 250 kilogrammes pour la paille.

Le sainfoin ne doit jamais être pressé; la luzerne peut être pressée à la densité maximum de 225 kilogrammes au mètre cube.

Le fanage et le bottelage du foin pressé en vue de la distribution sont formellement interdits. Les livraisons seront faites aux parties prenantes soit en balles entières, soit en gâteaux entiers lorsque l'effectif des rationnaires ne correspondra pas à un nombre entier de balles.

Le poids des liens et, s'il y a lieu, celui des planchettes de soutien, sont défalqués du poids des balles.

Toute balle reconnue défectueuse au moment de son ouverture sera remplacée par l'entrepreneur, sous la réserve qu'il sera prévenu au plus tard à la première livraison qui suivra la constatation.

Pour la luzerne, seront considérées comme défectueuses les balles qui, à l'ouverture, contiendront une notable proportion de feuilles ou de fleurs séparées des tiges et réduites en menus fragments ou poussières.

4° Avoines.

Les avoines de toute provenance sont admises dans les distributions et dans l'approvisionnement lorsque le cahier des charges en prévoit la constitution.

Le cahier des charges spéciales indiquera le poids minimum à l'hectolitre que la denrée doit peser après nettoyage et les proportions maxima des graines étrangères qui sont tolérées après cette opération.

Le mélange de diverses sortes d'avoine est interdit.

L'avoine ne peut être mise en distribution qu'après avoir été parfaitement nettoyée et criblée.

5° Orge.

Mêmes dispositions que pour l'avoine.

6° Denrées de substitution.

Le cahier des charges spéciales indiquera, le cas échéant, les conditions qu'auraient à remplir les denrées diverses qui seraient à fournir.

NOTA. — Extrait de la loi du 22 juin 1898 sur le Code rural :

Art. 54. — Il est défendu de faire paître aucun animal sur le terrain d'enfouissement affecté aux cadavres des animaux morts de maladies contagieuses ou de livrer à la consommation des fourrages qui pourraient y être récoltés.

ANNEXE N° 2.

Instruction relative aux prélèvements d'échantillons de denrées.

§ A. — Dispositions communes a tous les prélèvements d'échantillons.

Toutes les fois qu'il y a lieu de constituer des échantillons de denrées destinées à permettre, après leur examen, de formuler un jugement sur l'ensemble qu'ils représentent, on doit prendre toutes les précautions voulues pour qué chaque échantillon ait bien la valeur moyenne de la partie ou de la totalité du lot à laquelle il se rapporte.

Si, outre le premier échantillon, il est nécessaire d'en constituer d'autres, soit pour des contre-expertises, soit comme témoins, etc., on doit les prélever tous simultanément et prendre les précautions voulues pour que tous soient aussi identiques que possible les uns aux autres.

Par exemple, pour des lots de farine, de blé ou d'avoine, il convient, pour effectuer le prélèvement, de toujours réunir une quantité de denrée suffisante, puisée dans différents sacs pris au hasard, pour pouvoir après mélange, constituer et mettre en même temps sous scellés des échantillons bien identiques (les étiquettes prévues au paragraphe E ci-après portant naturellement les trois mêmes chiffres ou lettres de référence pour les divers échantillons identiques).

Les échantillons sont du poids net ci-après :

Pain (un pain entier) : 1 kilogr. 200;

Blé, farine, riz, haricots, sel, sucre, café, avoine, orge, farine d'orge : 2 kilogr. 500;

Foin, paille, produits de substitution des denrées fourragères : 4 kilogr. 500:

Pour les fourrages pressés, l'échantillon est constitué soit par une balle entière, soit par des fractions de balles réunies dans un sac de forte toile ou dans une caissette.

§ B. — Dispositions spéciales a certains prélèvements d'échantillons.

1° *Echantillons soumis au Ministre soit en cas de recours, soit pour examens spéciaux à faire à l'Inspection générale des subsistances.*

Pour tout envoi d'échantillons au Ministre (cas de recours ou sur ordre spécial) on doit se conformer aux dispositions ci-après :

Chacun des échantillons est mis séparément sous scellés et muni d'une étiquette particulière du modèle figurant au paragraphe E ci-après. Cette étiquette est signée, d'une part, par le sous-intendant ou son suppléant) et, d'autre part, par le fournisseur ou son représentant.

Il est en même temps établi, et spécialement pour chacun des échantillons, un bulletin particulier conforme au modèle donné au paragraphe F ci-après :

Les trois lettres ou chiffres de référence à inscrire sur l'étiquette et à reproduire sur le bulletin permettront de différencier d'une façon sûre les échantillons envoyés simultanément ou successivement d'une même place et de retrouver sans erreur possible les bulletins qui les concernent. L'établissement du bulletin précité dispense de tout envoi à l'I. G. S. d'expéditions du procès-verbal de prélèvement des échantillons.

Le ou les bulletins sont placés dans un seul et même pli, sans lettre d'envoi ni bordereau, et adressés par la poste (sans qu'il y ait lieu à chargement) à M. l'Inspecteur général des subsistances, 6, boulevard des Invalides, Paris (7e), le jour même ou l'envoi a été confié au transporteur (1).

L'envoi des bulletins doit toujours donner lieu à une lettre séparée, même si les échantillons sont confiés à la poste, et en aucun cas le bulletin d'avis ne doit être placé dans le même paquet que l'échantillon; ce mandat n'est en effet destiné à être ouvert qu'en séance d'expertise.

Si un ou plusieurs scellés sont placés pour l'expédition dans un emballage, les cinq premières indications de la ou des étiquettes doivent être reproduites à l'extérieur du paquet.

---

(1) Lorsque le prélèvement est effectué par un suppléant, celui-ci prépare le ou les bulletins, les signe, mais il les adresse au Sous-Intendant dont il relève, lequel assure d'urgence la transmission, après les avoir visés et dûment complétés par les renseignements qui n'ont pas lieu d'être pris sur place.

Ce paquet est expédié à l'adresse plus haut indiquée, soit par colis postal, soit par grande vitesse, suivant le cas.

Il doit parvenir franco et à domicile (en suspension, d'ailleurs, des droits d'octroi pour les denrées qui y sont soumises).

2° *Echantillons soumis aux Commissions d'appel.*

Dans tous les cas où il y a lieu à prélèvement d'échantillons par suite d'appel, on se conforme d'une manière générale aux dispositions susindiquées.

Il est toujours constitué simultanément au moins deux échantillons : l'un est mis à la disposition de la Commission d'appel; l'autre peut, en cas de recours au Ministre, servir à l'envoi prévu ci-dessus (§ B, 1°).

Les échantillons identiques reçoivent des étiquettes identiques du modèle prévu au paragraphe E ci-après.

§ C. — Procès-verbaux des prélèvements.

D'une manière générale, les prélèvements d'échantillons ont toujours lieu en présence du fournisseur ou entrepreneur (ou de son représentant dûment convoqué) et, dans les cas litigieux, il doit toujours être dressé procès-verbal de l'opération par l'autorité qui y a procédé.

Le procès-verbal indique explicitement les précautions prises en application du paragraphe A pour constituer les échantillons, de telle manière qu'aucune contestation ne puisse ultérieurement s'élever au sujet de leur valeur. Ce document mentionne, en outre, quand il y a lieu, les dispositions prises pour mettre le lot total de denrées sous scellés; il indique l'importance du lot et donne les diverses indications utiles, notamment l'ancienneté et la provenance d'origine. Il rappelle enfin, les indications portées sur l'étiquette prévue au paragraphe E.

Une expédition du procès-verbal est mise à la disposition de la Commission d'appel.

En cas de recours au Ministre, une expédition du procès-verbal de prélèvement est jointe au dossier.

§ D. — Frais divers relatifs aux prélèvements d'échantillons.

Les emballages que comportent les prélèvements sont fournis par l'entrepreneur.

Les frais d'envoi sont avancés par l'entrepreneur.

Le payement de la valeur des échantillons, les frais d'emballage et d'envoi, sont supportés définitivement par la partie qui est condamnée.

§ E. — Modèle de l'étiquette sur les échantillons.

Chaque échantillon reçoit une étiquette du modèle ci-après. Cette étiquette si elle reste en dehors des emballages doit être établie sur parchemin ou sur carton.

On peut, cependant, s'abstenir de l'usage de l'étiquette et porter les indications ci-après prévues sur le sac ou l'emballage lui-même si elles peuvent y être nettement inscrites et rester très lisibles.

14ᵉ CORPS D'ARMÉE

(1) Fournisseur ou représentant.

(2) Sous-intendant militaire ou suppléant du Sous-Intendant.

Cachet à la cire.

SERVICE DES FOURRAGES.

Localité où a eu lieu le prélèvement........ MODANE.

Indication des trois lettres ou chiffres de référence (reproduit sur le bulletin)........ D/8/K.

Échantillon de. . . .. Avoine.

Date du prélèvement.......................,. 15 mars 1926.

Le (1)

(Signature.)

Le (2)

(Signature.)

§ F. *Modèle du bulletin d'aris de prélèvement et d'envoi d'échantillons.*

14e CORPS D'ARMÉE

Place où a été pré-} Modane.
levé l'échantillon..}

Sous-intendance dont)
relève la place ci-} Chambéry.
dessus. ....)

Numéro au registre} 372.
de correspondance.}

SERVICE DES FOURRAGES.

BULLETIN de prélèvement et avis d'envoi d'un échantillon d'avoine.

Reproduction de trois lettres ou chiffres de référence portés sur l'étiquette......................		D | 8 | K

Date de prélèvement............................. 15 mars 1926.

Mode d'envoi.......................... { Colis postal à domicile.

Description d'un colis envoyé.................. { Un sac en toile dans une caisse.

Poids de l'échantillon contenu.................... 2 kilogr. 500.

Nom de l'entrepreneur ou du fournisseur (ou porter la mention : gestion directe)..................... } M. Un tel

Importance du lot sur lequel a été prélevé l'échantillon... } 140 quintaux.

Numéro d'ordre du lot dans le magasin (s'il y a lieu) »

Date d'entrée du lot en magasin.................. 10 mars 1926.

Causes du prélèvement. S'il y a eu refus, en indiquer sommairement les motifs et mentionner enfin s'il y a eu décision d'une commission d'appel. } Refusé pour mauvaise odeur. Lot accepté par la Commission d'appel.

Date des cahiers des charges applicables pour l'affaire (outre le cahier des C. C. G. du 1er août 1921) (1)... } C. C. C., du C. C. S., du

A , le 19 .

(Signature.)

---

(1) Si l'on ne joint pas au présent bulletin un exemplaire des divers cahiers des charges visés ci-dessus. on devra copier sur le verso du bulletin (ou y annexer) les extraits conformes. nécessaires pour l'examen de l'affaire, de ceux desdits cahiers des charges non publiés avec le *Bulletin officiel*, ou bien l'on mentionnera (avec la date) l'affaire précédente à propos de laquelle ces exemplaires ou ces extraits auraient déjà été adressés.

TABLE DES MATIÈRES

ANNEXES.

ANNEXE N° 1.

Nature et qualité des denrées à fournir.

ANNEXE N° 2.

Instruction relative aux prélèvements d'échantillons de denrées.

N° 531. — CHARLES-LAVAUZELLE ET Cⁱᵉ. — PARIS, LIMOGES, NANCY. — 1927.